AF611914

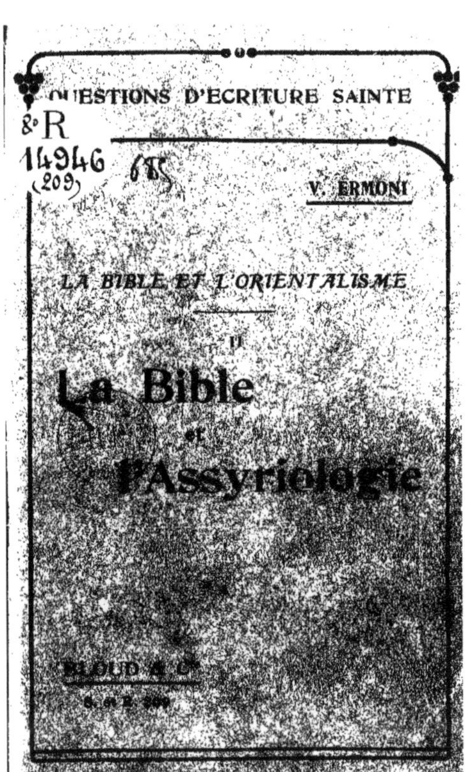

QUESTIONS D'ÉCRITURE SAINTE

8° R
14946
(209)
685

V. ERMONI

LA BIBLE ET L'ORIENTALISME

II

La Bible et l'Assyriologie

BLOUD & Cie

BLOUD & Cie, Éditeurs, 7, Place Saint-Sulpice, Paris VIe

NOUVELLE
Bibliothèque Historique

Cette nouvelle Collection paraît en deux séries : une série in-16 et une série in-8.

SÉRIE IN-16

BAUDRILLART (Alfred), Recteur de l'Institut catholique de Paris. — **L'Église catholique, la Renaissance, le Protestantisme.** Préface du Cardinal Perraud, de l'Académie française. 1 vol. de 48[illegible] pages . . . . . 3 fr. 50

BESSIÈRES (M.) et GOYAU (Georges). — **Les Origines du Centre Allemand.** *Congrès de Mayence* ([illegible]). 1 vol. . . . . . 3 fr. 50

CABANE (H.). — **Histoire du Clergé de France pendant la Révolution de 1848, de la chute de Louis-Philippe à l'élection de Louis Bonaparte (24 Février-20 Décembre 1848).** 1 vol. . . . . [illegible]

CRISTIANI (L.), Docteur en Théologie. — [illegible] Préface de Mgr Baudrillart, [illegible] catholique de Paris. 1 vol. . . . . [illegible]

[illegible] (Paul), [illegible] française. — **Le Catholicisme en Angleterre au [illegible] siècle.** 1 vol. . . . . 3 fr. 50

VACANDARD (E.). — **L'Inquisition.** *Étude historique et critique sur le pouvoir coercitif de l'Église.* 1 vol. . . . . 3 fr. 50

[illegible] — [illegible] *Étude sur la Crise* [illegible] 1 vol. . . . . 3 [illegible]

SÉRIE IN-8

[illegible] (L.). — **Les [illegible] du Clergé et le Jansénisme.** 1 vol. . . . . [illegible] francs

[illegible] — *Histoire de l'Inquisition en France.* **Les Origines de l'Inquisition.** 1 vol. . . . . [illegible] francs

[illegible] (Marcel). — **Louis XI et [illegible] Pèlerinage.** *Étude historique.* 1 vol. . . . . [illegible] francs

DEMANDER LE CATALOGUE

QUESTIONS D'ÉCRITURE SAINTE

LA BIBLE ET L'ORIENTALISME

II

LA BIBLE & L'ASSYRIOLOGIE

PAR

V. ERMONI

8°R
14946 (209)

PARIS
LIBRAIRIE BLOUD & Cie
7, PLACE SAINT-SULPICE, 7
1 ET 3, RUE FÉROU — 6, RUE DU CANIVET
1910

Reproduction et traduction interdites.

DANS LA MÊME COLLECTION

Baudot (Jules). — **Le Bréviaire romain.** 2 vol. 184 pages *(409-410)*.............................. 1 fr. 20
— **Les Lectionnaires** *(463-464)*. 2 vol...... 1 fr. 20
— **Les Evangéliaires** *(465-466)*. 2 vol...... 1 fr. 20
— **Notions générales de Liturgie** *(479)*....... 1 vol.
— **La Dédicace des Églises** *(510)*............ 1 vol.
— **Le Pallium** *(515)*.......................... 1 vol.
Breton (Germain), Recteur de l'Institut catholique de Toulouse. — **La Messe,** *Etude philosophique et théologique (307)*................................ 1 vol.
Ermoni (V.). — **Les Origines de l'Episcopat.** *(203)*. 1 vol.
— **La Primauté de l'Evêque de Rome dans les trois premiers siècles.** *(244)*..................... 1 vol.
— **Le Symbole des Apôtres.** *(248)*............ 1 vol.
— **L'Agape dans l'Eglise primitive.** (273).... 1 vol.
— **L'Eucharistie dans l'Eglise primitive.** *(290)* 1 vol.
— **Le Baptême dans l'Eglise primitive.** *(298)*. 1 vol.
Gastoué (Amédée) — **Noël.** *(405)*.............. 1 vol.
— **L'Eau bénite.** *Ses origines, son histoire, son usage, (449)*..................................... 1 vol.
— **Les Vigiles Nocturnes** *(495)*............... 1 vol.
Moussard (M.) Chanoine de la Métropole de Besançon. — **Apologie du culte catholique.** *(211)*........ 1 vol.
Saubin (Antoine). — **Symbolisme du Culte catholique.** *(212)*..................................... 1 vol.
Vacandard (E.) — **La Pénitence publique dans l'Eglise primitive.** *(223)*............................ 1 vol.
— **La Confession sacramentelle dans la primitive Eglise.** *(224)*................................. 1 vol.

Paris, 14 juin 1902.

Sur un rapport qui m'en a été fait par un professeur compétent, j'autorise volontiers, en ce qui me concerne, Monsieur Ermoni à publier son travail sur *La Bible et l'Assyriologie.*

A. Fiat,
Supérieur général.

PERMIS D'IMPRIMER

Paris, le 2 juillet 1902.

G. Lefebvre.
Vic. gén.

INTRODUCTION

L'Assyriologie n'a pas moins d'importance pour la Bible que l'Égyptologie. On peut même dire que les textes cunéiformes ont parlé plus clairement et surtout sur une plus vaste échelle que les textes égyptiens en faveur des récits et des faits bibliques. Tout un monde inconnu est sorti du déchiffrement des inscriptions assyro-babyloniennes, et de ce monde péniblement reconstitué bien des fragments se trouvaient déjà dans nos saints Livres. L'Assyriologie est venue nous réapprendre en réalité bien des choses que nous connaissions depuis longtemps par le témoignage de la sainte Écriture. C'est là à coup sûr un hommage rendu à l'autorité de la Bible, devant lequel devra s'incliner tout esprit non prévenu, tout esprit qui n'est guidé que par le souci de la vérité. L'accord de la Bible et de l'Assyriologie aura été un des grands faits du siècle qui vient de finir, où l'on a tant travaillé à discréditer la parole de Dieu. — Après avoir interrogé l'Égyptologie et recueilli aussi soigneusement que possible sa déposition, il nous reste à nous adresser à sa sœur l'Assyriologie, et à lui demander tout ce qu'elle est en état de nous donner sur le terrain biblique.

Les inscriptions assyro-babyloniennes sont dites *cunéiformes,* à cause de la forme des signes dont elles se composent. Tous les signes de cette écriture ont, en effet, la forme d'un coin en fer (en latin *cuneus*), dont se servent les paysans pour fendre le bois. Le stylet triangulaire prend diverses positions : tantôt il est vertical, tantôt horizontal, tantôt oblique, tantôt enfin tordu en forme de crochet, par suite de la fusion de deux signes en un seul. Outre ces diverses dispositions du signe simple, il y a aussi les répétitions des signes, ce qui donne de nouvelles combinaisons. Pour bien comprendre l'emploi du stylet, il est nécessaire de se rappeler la manière d'écrire des Assyriens et des Chaldéens. Ils dessinaient les signes en appliquant le stylet sur la brique molle, puis ils faisaient sécher cette brique au feu ou au soleil, et les inscriptions y restaient gravées. Les bibliothèques assyriennes ne sont autre chose que des amas ou des piles de briques couvertes d'inscriptions. C'est ainsi que s'était formée, pour citer un exemple, la bibliothèque d'Assurbanipal, découverte dans ce siècle à Khorsabad, et qui nous a livré tant de précieux trésors littéraires.

Le déchiffrement des inscriptions cunéiformes a été une tâche aussi laborieuse, plus laborieuse même que le déchiffrement des hiéroglyphes égyptiens. Nous ne pouvons signaler que les principales étapes de cette exploration à travers le champ de l'Assyriologie. Après les faibles tentatives de C. Niebuhr (1765), Tychsen (1798), Münter (1800), le premier sillon, vraiment sérieux, fut tracé par G. Fred. Grotefend. Ce savant hanovrien déchiffra les vieux cunéiformes persans, qui occupaient la première colonne des inscriptions achéménides : le 14 septembre 1802, il fixa les noms de Darius, Xerxès, Hystapes, dans les deux premières inscriptions achéménides. En 1836, Eugène Burnouf, en France, et Christian Lassen, en Allemagne, complétèrent par leurs recherches l'alphabet élémentaire de Grotefend. L'anglais Henry Rawlinson, officier dans l'armée persane, copia (1835-1837) et déchiffra (1846) l'inscription de Behistoun. L'ancien alphabet persan fut fixé à 40 signes. Hincks, Oppert et Spiegel achevèrent tout ce qui avait trait aux inscriptions achéménides en rectifiant dans les détails les travaux de Rawlinson.

Le déchiffrement des cunéiformes persans n'était qu'un acheminement à celui des inscriptions babyloniennes, assyriennes et mèdes. Les inscriptions trilingues de Persépolis et de Behistoun furent pour le déchiffrement des cunéiformes assyro-babyloniens ce que la stèle de Rosette avait été pour le déchiffrement des hiéroglyphes égyptiens. En 1846, Botta, consul de France à Mossoul, découvrit Ninive, et en 1849-1851, Layard exécuta des fouilles à Koyoundjik et à Nimroud. Ces deux événements furent le point de départ d'un nouveau mouvement. On mit au jour une masse considérable de documents et de tablettes que Rawlinson, Hincks et Fox Talbot, en Angleterre, de Saulcy et Oppert, en France, déchiffrèrent avec certitude. Depuis lors on n'a fait que progresser dans l'étude des cunéiformes. Qu'il me suffise de mentionner les principaux travailleurs, qui ont contribué soit au déchiffrement des textes, soit à la formation de la grammaire : en France : Fr. Lenormant, Menant, et, plus près de nous, Amiaud, Pognon, Heuzey, de Sarzec; en Angleterre : Georges Smith, Sayce, Pinches; en Allemagne : Fred. Delitzsch, Schrader, et Paul Haupt ; en Italie : Teloni. A l'heure actuelle on continue toujours d'avancer, et l'on précise de plus en plus des traductions antérieures, ou l'on traduit des inscriptions inédites. C'est un travail de patience dont les résultats ne peuvent qu'être profitables à la science.

LA BIBLE ET L'ASSYRIOLOGIE

CHAPITRE PREMIER

Le récit de la création.

Nos lecteurs connaissent trop bien le récit biblique de la création, contenu dans le premier chapitre de la Genèse, pour qu'il soit nécessaire de le rapporter ici. Le récit chaldéen de la création a de très fortes analogies avec celui de la Bible. Ce récit chaldéen fut découvert par l'anglais Georges Smith dans les débris de la bibliothèque d'Assurbanipal. Malheureusement, il est mutilé et incomplet. Ce qui est certain, c'est qu'il recouvrait au moins sept tablettes. Actuellement, on possède le début de la première tablette ; quelques mots de la deuxième ; quelques lignes de la troisième ; la quatrième en entier ; le commencement de la cinquième ; un fragment d'une autre tablette qui est ou la sixième ou la septième. On a encore un morceau plus étendu, d'une version différente, qui contiendrait, pense-t-on, le dogme de la création tel qu'il était professé dans le sanctuaire de Kouta. Évidemment, nous ne pouvons pas rapporter ici tout ce long récit ; nous nous contenterons d'en transcrire les fragments qui ont d'évidentes analogies avec le récit biblique. Le commencement est tout à fait solennel :

Lorsqu'il n'y avait rien en haut qui s'appelât ciel,
Rien en bas qui eût le nom de terre,
L'Abîme primordial, qui les engendra,
Et la bruyante Tiamat [= la mer] qui les enfanta tout entiers,

Mêlaient leurs eaux en un,
Roseaux qui ne s'unissaient pas,
Jonchaies qui ne fructifiaient pas.

Dans les débris de la troisième tablette nous voyons l'océan [Tiamat] à l'œuvre :

... Elle [Tiamat] a enfanté des dragons,
Leurs dents aiguës ne lâchent pas.
Elle a rempli leur corps de venin au lieu de sang,
Elle a revêtu de terreur les monstres furieux...
. . . .
Elle a mis en avant un serpent, un dragon, Lahamu.

La tâche la plus importante incombe au dieu Marduk. La quatrième tablette nous le montre organisant le ciel :

Il créa l'univers [?], il fit des chefs-d'œuvre :
Il la [Tiamat] fendit en deux, comme un poisson qu'on sèche ;
Et prenant une moitié, il en forma le dôme des cieux ;
Il mit un verrou, installa un réservoir,
Prescrivant de ne pas laisser sortir ses eaux ;
Il attacha les cieux au bord de l'univers,
Et il leur fit faire face à l'abîme, demeure d'Ea;
Le Seigneur mesura la circonférence des eaux,
Il installa un grand dôme, de même étendue, le firmament.
Sur ce dôme, le firmament, dont il fit le ciel,
Il fit habiter en leur lieu Anu, Bel et Ea.

Le récit se continue sur les autres tablettes :

Il bâtit les demeures des grands dieux ;
Il rangea les étoiles, leurs images, en constellations.
Il régla l'année, il traça les signes ;
Il établit douze mois, à chacun desquels il attribua trois étoiles.
Après qu'il eut marqué par des signes les jours de l'année,

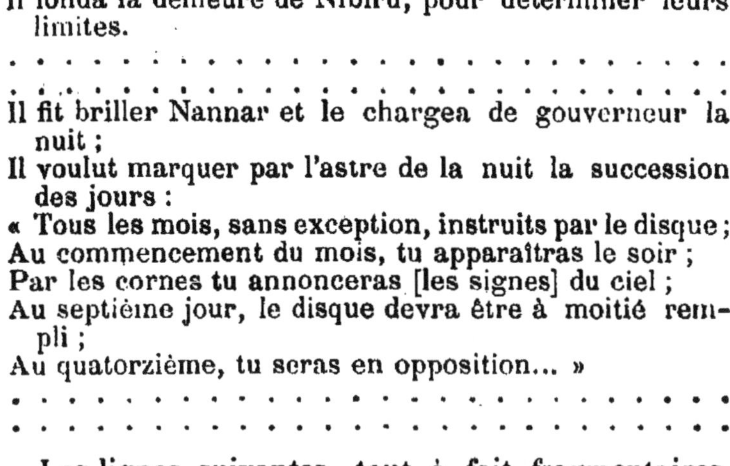

Il fonda la demeure de Nibiru, pour déterminer leurs limites.

. . . .

. . . .

Il fit briller Nannar et le chargea de gouverneur la nuit ;
Il voulut marquer par l'astre de la nuit la succession des jours :
« Tous les mois, sans exception, instruits par le disque ;
Au commencement du mois, tu apparaîtras le soir ;
Par les cornes tu annonceras [les signes] du ciel ;
Au septième jour, le disque devra être à moitié rempli ;
Au quatorzième, tu seras en opposition... »

. . . .

. . . .

Les lignes suivantes, tout à fait fragmentaires, sont le commencement d'une tablette, peut-être la septième :

Lorsque les dieux réunis créèrent...
Ils firent les...
Ils produisirent les êtres vivants...
Les troupeaux des champs, les bêtes des champs, les reptiles ;
...aux êtres vivants...
...la vermine des lieux habités...
...les reptiles, toutes les créatures...

La conclusion du poème est un hymne à Marduk, à qui est attribuée la création de l'homme. Nous lisons en effet dans cet hymne :

Qui [Marduk] a créé les hommes pour leur faire du bien ;
Miséricordieux, à qui il appartient de donner la vie ;
Que sa parole demeure et ne disparaisse jamais
De la bouche des hommes que ses mains ont créés.

Ce récit, disions-nous, a de nombreuses ressemblances avec le récit biblique. Il est bon pourtant d'en indiquer aussi les différences, afin de montrer d'une manière palpable la divine supériorité des Livres saints. 1° L'idée de création, *ex nihilo,* si simple et si claire dans la Bible, est absente du récit chaldéen ; on voit que le chaos [Tiamat] est une matière préexistante dont les dieux forment le monde ; 2° les dieux eux-mêmes sont créés ; leur création est expiicitement affirmée sur la première tablette, où nous lisons : « Les dieux furent produits » ; 3° enfin le récit chaldéen est nettement polythéiste, et probablement panthéiste, tandis que la narration biblique atteste l'unité d'un Dieu absolument transcendant et supérieur à tout l'univers créé.

CHAPITRE II

Le Paradis terrestre.

Dieu, après avoir créé l'homme, nous dit la Bible, le plaça dans un jardin de délices, Genèse II, 8. Ce fut le séjour de l'état d'innocence et de justice originelle. A-t-on trouvé dans les textes cunéiformes quelques indications relatives à ce paradis terrestre? On est obligé de reconnaître qu'on n'a trouvé jusqu'ici dans les monuments assyro-babyloniens aucune mention claire et explicite du paradis terrestre. Néanmoins il est légitime de conclure que les Chaldéens ont eu une certaine idée de ce jardin de délices. Les textes nous parlent d'une « Ile bienheureuse » ; il est difficile de ne pas rapprocher cette Ile bienheureuse du paradis biblique, et de ne pas supposer que la conception chaldéenne et la conception hébraïque découlent d'un même noyau traditionnel. L'Ile bienheureuse des Chaldéens nous est représentée à peu près sous les mêmes couleurs que le séjour de nos premiers parents. C'est dans cette Ile que l'on trouve le bonheur, la joie et le contentement. L'existence de cette Ile est attestée dans le poème du héros Gilgamès. Frappé par la déesse Ishtar, couvert de lèpre et devenu un sujet d'horreur pour tout le monde, voulant d'autre part échapper à une mort certaine, Gilgamès entreprend un très long voyage, entrecoupé de toute espèce de péripéties, dans le but d'échapper aux maux dont il est affligé. Après de nombreuses épreuves, il finit enfin par arriver en face de l'Ile bienheureuse, sur la rive de laquelle se tient Shamashnapishtim. Celui-ci fait subir à Gilgamès une longue préparation dont la cérémonie principale fut de manger le brouet. A la suite de cette préparation, le héros Gilgamès aborde au rivage de l'Ile bienheureuse pour s'y purifier et pour y être guéri de sa lèpre.

CHAPITRE III

L'Arbre de vie.

Dieu avait placé au milieu du paradis terrestre l'arbre de vie, l'arbre de la science du bien et du mal, Genèse, II, 9. Les textes cunéiformes ne nous ont fourni aucun renseignement décisif sur l'arbre de vie, mais des indications assez claires ne nous font pas défaut. Certains assyriologues avaient cru reconnaître l'arbre de vie dans un arbre sacré qu'on voit assez souvent représenté sur les monuments babyloniens au milieu de deux personnages. Mais cette représentation n'a pas convaincu tout le monde, et son interprétation est très incertaine. Quelques savants seraient portés à voir dans cette représentation la scène de la cueillette des spathes du palmier sacré. D'autres, et en plus grand nombre, pensent qu'il s'agit uniquement de la scène de l'adoration du palmier. On sait, en effet, aujourd'hui, que le palmier était un arbre sacré chez les Chaldéens, et qu'il suffisait presque à tous les besoins de la vie. Aussi lui avait-on voué une espèce de culte et l'entretenait-on avec le plus grand soin. Les dieux eux-mêmes avaient enseigné aux mortels la manière de féconder le palmier. Les deux personnages, qui sont de chaque côté de l'arbre, seraient donc dans l'attitude d'adoration devant le symbole sacré.

Mais nous avons d'autres indications plus concluantes. Deux surtout méritent d'être signalées. La première se trouve dans la légende d'Adapa. Dans cette légende, il est question du « pain de vie et de l'eau de vie » que le dieu du ciel, Anu, offre à Adapa pour le rendre immortel. On n'ignore pas que l'arbre de vie du paradis terrestre conférait pour ainsi dire l'immortalité ; on sait aussi que c'est pour avoir mangé du fruit de l'arbre de la science du bien et du mal, malgré la défense de Dieu, que nos premiers parents furent condamnés à la mort. — L'autre information nous vient du poème de Gilgamès, dont nous avons déjà parlé. Pour échapper à la mort, ou même pour se soustraire simplement aux douleurs et aux souffrances de la vie présente, il fallait aller chercher l'arbre de vie aux extrémités du monde, dans l'Ile bienheureuse. C'est pour aller chercher cet arbre de vie que Gilgamès entreprend courageusement sa longue et dangereuse pérégrination. Ce qu'il y a de plus curieux et en même temps de plus frappant, c'est que Gilgamès, après avoir traversé les ténèbres des monts de Mâshou, se trouve en face d'un bois merveilleux. Un arbre attire ses regards : « Dès qu'il le voit, nous dit le texte, il y court. Les fruits sont autant de pierres précieuses, les branches sont splendides à regarder, car les rameaux sont chargés de lapis et les fruits sont d'une apparence superbe ». Ces paroles rappellent tout naturellement ce qui est dit de l'arbre de vie du paradis terrestre, Genèse, III, 6.

CHAPITRE IV

Les Chérubins.

I. — Les chérubins du Paradis terrestre

Lorsque Dieu eut chassé du paradis terrestre nos premiers parents à cause de leur transgression, il « plaça devant le Paradis des Chérubins pour garder le chemin qui menait à l'arbre de vie », Genèse, III, 24. Son but était donc d'empêcher l'accès à l'arbre de vie. On s'est demandé bien souvent ce qu'étaient ces êtres mystérieux, appelés *Chérubins?* Beaucoup d'assyriologues modernes ont soutenu que les Chérubins du Paradis terrestre étaient des taureaux ailés semblables à ceux qui étaient placés à l'entrée des temples et des palais assyriens. Pour établir cette identification, on s'est appuyé sur certaines analogies : d'abord l'*identité de nom ;* les taureaux ailés des portes des palais assyriens sont appelés *Kirubi,* qui est le nom sémitique *keroubim* de nos Chérubins ; ensuite l'analogie de fonctions ; nous venons de voir que les Chérubins du Paradis terrestre remplissaient un rôle protecteur : ils défendaient l'entrée du Paradis ; il en est de même des taureaux ailés assyriens ; ils n'étaient pas, en effet, de simples sujets de décoration, comme on avait été porté à le croire ; on supposait qu'un être surnaturel résidait dans leur corps et exerçait les fonctions de gardien et de protecteur. Ces taureaux étaient pour les Assyriens des *shedu*, c'est-à-dire des génies surnaturels vivant sous une enveloppe matérielle, mais exerçant l'office de gardiens puissants. — Nos apologistes sont en général opposés à cette thèse ; ils pensent qu'il n'est pas certain qu'on connût en Assyrie les *Kirubi* à l'époque où fut composé le récit de la Genèse ; de plus la tradition biblique serait antérieure et préférable aux traditions assyro-chaldéennes. S'il y eut donc une influence quelconque, elle serait du côté de la Genèse ; la tradition biblique aurait influencé les traditions assyro-chaldéennes. Dans ce cas la double analogie s'expliquerait facilement ; les Assyriens auraient appelé *Kirubi* leurs taureaux ailés, appelés *Alapi* dans leur langue, en souvenir des Chérubins du Paradis terrestre. — Pour trancher d'une manière définitive cette question, il faudrait que nous fussions fixés sur la chronologie touchant ces deux points : l'époque de la composition de la Genèse, et l'époque de l'apparition des taureaux ailés en Assyrie. Dans l'état actuel de nos connaissances, il n'est pas possible de déterminer exactement cette double date. Car si Moïse est ancien, la civilisation chaldéenne l'est encore plus.

II. — Les chérubins de l'Arche d'alliance

La Bible nous parle de ces Chérubins, dont le Seigneur lui-même donna la description à Moïse et indiqua la raison d'être, Exode, XXV, 18-22 ; XXXVII, 7-9. Un certain nombre d'auteurs ont aussi assimilé les Chérubins de l'arche d'alliance ainsi que ceux du temple de Salomon aux *Kirubi* des Assyriens. Mais ici la chose ne présente aucune probabilité. On a de la peine à comprendre, au simple point de vue du danger idolâtrique, que Moïse ait fait placer des images de taureaux ailés sur l'arche d'alliance et dans le tabernacle immédiatement après l'adoration du veau d'or. De plus, comme l'a fait remarquer Fr. Lenormant (1), la description de ces Chérubins, telle qu'elle est dans l'Exode, ne peut en aucune façon s'appliquer à des *Kiroubi* assyriens, en forme de taureaux, dont les ailes étendues, d'après la direction qu'on leur donne toujours, et dont elles s'implantent dans leur corps, n'auraient été en mesure de couvrir le propitiatoire, ou couvercle de l'arche, qu'à condition qu'on les eût placés se tournant le dos, ce qui est contraire aux données de la Bible. Enfin nous avons déjà dit, dans un autre Opuscule, que l'arche fut construite sur le modèle d'un naos égyptien. C'est donc en Égypte qu'il faut chercher l'origine de ces chérubins. Or, certaines barques sacrées de l'ancienne Égypte sont surmontées de deux figures à forme humaine, qui répondent parfaitement aux Chérubins de l'arche d'alliance (2). Les Chérubins de l'arche étaient donc, d'après toutes les vraisemblances, un emprunt fait à l'Égypte.

III. — Les chérubins d'Ézéchiel

Le prophète Ézéchiel décrit ainsi les animaux qu'il vit sur les bords du fleuve Chobar : « Au centre, apparaissaient quatre animaux. Voici leur aspect :

(1) *Les Origines de l'histoire*, t. I, p. 125-126.

(2) On peut voir le dessin d'une de ces barques dans le *Dictionnaire de la Bible* de M. Vigouroux, t. I, col. 915, reproduite d'après Lepsius, *Denkmäler*.

ils avaient une ressemblance humaine. A chacun quatre formes, et à chacun quatre ailes. Leurs pieds étaient droits, et la plante de leurs pieds était comme la plante du pied d'un veau ; ils étaient étincelants comme l'airain poli. Il y avait des mains d'hommes sous leurs ailes sur leurs quatre côtés. Leurs ailes se rattachaient l'une à l'autre. Ils ne revenaient pas sur eux-mêmes dans leur marche et chacun s'avançait devant soi. Voici quelle était la ressemblance de leur forme : une forme d'homme et une forme de lion à tous les quatre à gauche, et une forme d'aigle à tous les quatre. Voilà leurs formes. Des ailes s'étendaient par-dessus ; elles se joignaient deux à deux, et deux d'entre elles recouvraient le corps. Chacun marchait devant soi ; là où l'esprit les poussait, ils allaient sans se retourner dans leur marche. L'aspect des animaux était celui de charbons de feu brûlant comme des flambeaux. Ce feu courait entre ces animaux ; il brillait et de ce feu jaillissait l'éclair. Et les animaux allaient et venaient, semblables à la foudre ; » Ézéchiel, I, 5-14. Pour les Chérubins d'Ézéchiel, il n'y a aucun doute. En décrivant ces étranges animaux, le prophète avait sous les yeux les taureaux de Ninive. Tous les auteurs sont d'accord sur ce sujet. Dès lors, il est inutile d'insister davantage.

CHAPITRE V

Le glaive flamboyant.

La Genèse nous apprend aussi, III, 24, que Dieu plaça également à l'entrée du Paradis terrestre un glaive flamboyant. C'est la traduction ordinaire et usuelle. Observons pourtant que le texte hébreu serait mieux traduit par « glaive enflammé » ou mieux encore par « flamme du glaive tournoyant ». On n'a pas non plus trouvé dans les monuments assyriens de mention précise de ce glaive, mais l'assyriologie a grandement contribué à en préciser soit la *nature*, soit la *position*. — *La nature d'abord*. On possède plusieurs cylindres assyro-babyloniens, sur lesquels sont représentés les crochets ou les zigzags de la foudre. Cette représentation prend différentes formes : tantôt elle est à deux lignes brisées, se ramifiant sur une ligne centrale ; quelquefois les deux lignes sont ondulées ; parfois enfin le symbole présente trois ou même six branches. On est certain de la signification du symbole ; il représente invariablement la foudre. On le trouve en effet dans la main d'Immer-Ramman, qui est justement le dieu du tonnerre, ou sur le taureau consacré à ce dieu (1). De plus ce symbole remplissait assez souvent le même rôle que le glaive flamboyant du Paradis terrestre. Cela nous le savons par une inscription

(1) On peut voir pour les diverses représentations de ce symbole, Vigouroux, *La Bible et les découvertes modernes*, t. I, p. 237, 5e édit., Paris, 1889.

de Theglathphalasar I, qui régna 1100 avant Jésus-Christ. Ce monarque raconte, dans la grande inscription trouvée à Kalah-Shergat, qu'il a pris et détruit dans le pays de *Qoumanou* une ville appelée *Khounousa* : « Je fis, dit-il, un foudre de cuivre, j'écrivis dessus le butin que j'avais fait par le secours d'Ashour, mon Dieu, ainsi que la défense d'occuper cette cité et d'en rebâtir les murs. Je construisis en cet endroit une maison de briques, et j'y mis ce « foudre de cuivre ». Cet éclair en cuivre sur lequel est gravée la défense de reconstruire les murs de la ville saccagée sous peine de commettre un sacrilège envers les dieux, ne rappelle-t-il pas involontairement le glaive tournoyant du Paradis terrestre? On pourrait peut-être aussi penser à l'éclair que plaça devant lui le dieu Marduk. Avant d'aller combattre Tiamat, Marduk fit ses préparatifs :

Il fit un arc et le choisit pour arme,
Il se chargea d'un javelot et le prit en guise de trait.
Et le dieu éleva l'arme ; il la mit dans sa main droite ;
Il suspendit à son côté l'arc et le carquois,
Il mit devant lui l'éclair,
Il couvrit tout son corps d'une flamme ardente ; etc.

Dans les représentations figurées, Marduk tient aussi à la main une arme à six pointes, trois en haut et trois en bas ; la poignée est au milieu. Cette arme est la foudre même. Ce symbole fait également penser au glaive tournoyant. — Après la nature du glaive symbolique, *sa position*. Comment était-il placé? Il est certain qu'il n'était pas tenu, de quelque façon que ce soit, par les Chérubins ; car, premièrement le texte ne le dit pas, et secondement le glaive est unique, tandis que les Chérubins sont au moins deux. L'assyriologie nous servira encore à éclaircir, à préciser le récit biblique. Sur une intaille du Louvre, l'éclair, dont il a été question plus haut, est représenté fixé sur un petit socle. Dès lors, en s'aidant de ces symboles assyro-babyloniens, il est légitime et naturel de conclure que le glaive flamboyant était placé sur un petit socle devant l'entrée du paradis terrestre. Quant aux Chérubins, ils devaient être placés de chaque côté de cette même entrée. De la sorte l'entrée aurait été barrée par le glaive flamboyant et gardée de chaque côté par les Chérubins.

CHAPITRE VI

Le Déluge.

Il faut envisager le déluge sous différents aspects. C'est ici que la concordance entre la Bible et l'assyriologie apparaît on ne peut plus frappante :

1° *La cause du Déluge.* — La Bible nous enseigne que les péchés des hommes furent la cause du déluge. Nous lisons au chapitre VI de la Genèse, ℣. 5 : « Dieu vit que la malice des hommes avait augmenté sur la terre et que toutes les pensées du cœur étaient tournées vers le mal ; » ℣. 11 : « La terre était corrompue devant Dieu, et remplie d'iniquités ; » ℣. 12 : « Dieu vit que la terre était corrompue et que toute chair avait corrompu sa voie sur la terre ; » ℣. 13 : « Dieu dit à Noé : La terre est remplie d'iniquités et je détruirai les hommes de dessus la terre. » — Le début du récit chaldéen n'indique pas la cause pour laquelle les dieux se décidèrent à faire le déluge (1). A la fin du déluge, Ea reproche au dieu Bel d'avoir détruit indifféremment les coupables et les innocents : « Toi, dit-il, le plus sage parmi les dieux, ô batailleur, comment n'as-tu pas été sage et as-tu fait le déluge ? Le pécheur, rends-le responsable de son péché, le criminel rends-le responsable de son crime, mais sois calme, et ne

(1) Le récit chaldéen du déluge couvre la onzième tablette du poème de Gilgamès.

retranche pas tout, sois patient et ne noie pas tout ». On peut inférer de ce passage que la méchanceté des hommes avait provoqué la colère des dieux, et dégager ainsi une idée analogue à celle de la Bible. Mais il serait téméraire d'affirmer que le récit chaldéen assigne au déluge une cause morale.

2° *Le fait du Déluge*. — Le récit chaldéen du déluge est très long. Malheureusement il est mutilé. Nous ne pouvons pas transcrire tous les fragments découverts et publiés jusqu'ici ; nous nous bornerons à rapporter les passages qui sont absolument semblables aux passages correspondants de la narration biblique. Les dieux, indignés de la méchanceté des hommes, résolvent de détruire le genre humain. A cette époque Shamashnapishtim régnait dans la ville de Shourippak, la ville du vaisseau (1). Ea décide de le sauver du naufrage général. Mais, d'autre part, il n'ose pas révéler directement à un mortel le secret des dieux Anu, Bel, Ninib, Innougi qui ont résolu de détruire l'humanité. Il lui parle donc de la manière suivante, en s'adressant directement à une maison de roseaux :

Homme de Shourippak, quitte ta maison, bâtis un navire, sauve ce que tu peux de vie.
Ils veulent détruire la semence de vie ; mais toi conserve la vie,
Et [fais entrer] la semence de vie de toute sorte dans l'intérieur du vaisseau.

(1) Shamashnapishtim est le Noé du déluge chaldéen. Ce nom a été lu surtout de deux manières : Shamashnapishtim et Sitnapishtim. Les deux lectures sont identiques à l'exception du préfixe. A *napishtim*, la première préfixe *Shamash* qui signifie le *Soleil*, le *dieu Soleil*, et l'autre *Sit*. Quant à la signification, on a proposé principalement celle de *Soleil de vie*, et celle de *sauvé*.

Puis Ea lui indique les dimensions du navire ; le texte étant mutilé, les chiffres manquent. Après une réflexion de Shamashnapishtim, et une réponse mutilée du dieu, celui-ci continue : « Apporte au milieu du vaisseau ton grain, tous tes biens, tes serviteurs, tes servantes, tes parents. Le bétail, les bêtes sauvages, autant que j'en voudrai conserver, je te les enverrai. »

Dans les lignes suivantes, qui sont à la fois mutilées et obscures, est racontée la construction du navire ; on y voit que Shamashnapishtim verse du bitume à l'intérieur et à l'extérieur du navire, pour en fermer les fissures. Le vaisseau est achevé. Shamashnapishtim entre dedans, et ferme la porte. Aussitôt le déluge commence. Ici est décrit un furieux ouragan : le tonnerre gronde, les vents se déchaînent avec furie, la terre est ébranlée, l'inondation des eaux atteint jusqu'au ciel. Cet ouragan dura six jours et six nuits. Le septième jour le calme se fait, et le vaisseau se dirige vers le pays de Nizir, où il s'arrête encore six jours. Le récit continue :

A l'approche du septième jour,
Je pris une colombe et la lâchai.
La colombe alla et retourna,
Elle ne trouva pas de place où se poser et elle revint.
Je pris une hirondelle et la lâchai.
L'hirondelle alla et retourna,
Elle ne trouva pas de place où se poser et elle revint.
Je pris un corbeau et le lâchai,
Le corbeau alla et vit la charogne sur l'eau.
Il mangea, se posa, erra au loin et ne revint pas.

Ajoutons qu'une intaille chaldéenne représente Shamashnapishtim enfermé dans le vaisseau (1).

(1) Voir Maspero, *Histoire ancienne*, t. I, p. 569.

3° *L'arrêt de l'arche.* — Nous savons par la Bible, Genèse, VIII, 4, que l'arche s'arrêta sur les monts d'Ararat. D'après le récit chaldéen, le vaisseau de Shamashnapishtim s'arrêta sur le mont du pays de Nizir (1).

4° *Le sacrifice après le déluge.* — Immédiatement après sa sortie de l'arche, Noé éleva un autel et offrit un sacrifice à Dieu, Genèse, VIII, 20. Le Noé chaldéen Shamashnapishtim fit de même :

Je fis [tout] sortir alors vers les quatre vents. J'offris un sacrifice,
J'élevai un autel sur le sommet de la montagne.
Sept par sept je disposai des vases d'un séah
Et en dessous je répandis des roseaux, du bois de pin et des épices.

5° *Le sacrifice est agréé.* — Dieu agréa le sacrifice de Noé et promit de ne plus détruire le genre humain, Genèse, VIII, 21. La même chose est affirmée dans le récit chaldéen :

Les dieux sentirent l'odeur ; les dieux sentirent une bonne odeur.
Les dieux se rassemblèrent comme des mouches sur le sacrifice.

6° *Faveurs accordées à l'homme après le déluge.* — La Genèse, au chapitre IX, nous déclare que Dieu accorda à l'homme son amitié ; ỳ. 11 : « J'établirai mon pacte avec vous, et la terre ne sera plus submergée par le déluge ; » ỳ. 12 : « J'établirai un signe du pacte qui existe entre moi et vous ; » ỳ. 13 : « Je placerai mon arc-en-ciel dans les nues, et il sera

(1) On n'a pas pu encore identifier le pays de Nizir. Sayce pense qu'il correspond à peu près au Kurdistan actuel.

le signe du pacte qui existe entre nous. » — Nous trouvons des promesses analogues dans le récit chaldéen :

Là-dessus la grande déesse [Ishtar] à son approche
Eclaire l'arc-en-ciel qu'Anu a créé...

Les promesses faites à Shamashnapishtim sont aussi bien consolantes. Le dieu Bel bénit Shamashnapishtim et sa femme et il leur dit : « Auparavant Shamashnapishtim était homme ; désormais que Shamashnapishtim et sa femme soient vénérés comme nous les dieux, et que Shamashnapishtim habite au loin, à l'embouchure des mers. »

S'il existe de fortes analogies, le récit biblique n'en est pas moins supérieur au chaldéen : — 1° L'idée morale y domine d'une manière prépondérante ; Dieu ne trouve qu'un juste sur la terre, Noé, et s'engage à le sauver, Genèse, VI, 8 ; VII, 1 ; 2° dans le récit biblique, Dieu domine absolument la création ; c'est toujours le Dieu transcendant ; dans le récit chaldéen, les dieux eux-mêmes sont saisis de terreur à la vue du déluge et cherchent à se sauver ; 3° le récit chaldéen nous montre les dieux s'assemblant *comme des mouches* autour du sacrificateur ; 4° dans le récit chaldéen, le sage Ea dit à Bel qu'il n'a pas réfléchi en faisant le déluge. — Tout cela dénote chez les dieux chaldéens peu de dignité avec pas mal d'étourderie.

CHAPITRE VII

Les exploits de Nemrod.

Le chapitre x de la Genèse, versets 8 et suivants, nous entretient assez longuement des exploits de Nemrod. C'était un puissant chasseur devant l'Éternel. « Le commencement de sa domination fut Babel, Erek, Accad et Calneh, au pays de Shinear. » La plupart des assyriologues s'accordent aujourd'hui à reconnaître Nemrod dans le héros chaldéen Gilgamès. Presque tous les traits des deux personnages se ressemblent d'une manière étonnante. Gilgamès était roi d'Ourouk ; il était doué d'une force extraordinaire ; ses exploits fabuleux restèrent gravés dans l'imagination des Chaldéens ; son histoire tout entière se résume dans ses luttes contre la déesse Ishtar. Toutes les représentations nous le montrent dans les attitudes propres à un terrible lutteur et, pourquoi ne dirions-nous pas le mot, à un puissant chasseur. Tantôt il étouffe un lion avec son bras ; tantôt il lutte à la fois contre un taureau et Eabani ; d'autres fois il lutte contre les monstres ; d'autres fois enfin il est aux prises avec un lion furieux qu'il soulève. — Le nom lui-même, pour certains assyriologues, renferme les éléments de Nemrod. Le nom de Gilgamès, employé actuellement, se compose en effet de trois signes. Quelques assyriologues ont proposé tour à tour les lectures : *Namroûdou, Anamaroutou, Noumarad, Namrasît.* Dans toutes ces lectures, c'est le nom Nemrod qui apparaît. La lecture *Gilgamès* est de l'assyriologue anglais Pinches. — Quant à l'identification de Nemrod et de Gilgamès, elle est tellement indiscutable pour certains savants, que l'assyriologue Paul Haupt a intitulé sa publication des fragments du poème de Gilgamès : *L'épopée babylonienne de Nemrod* (1).

(1) Jastrow, *Religion of Babylonia and Assyria*, p. 471, 515, conteste pourtant l'identification de Nemrod et de Gilgamès.

CHAPITRE VIII

La tour de Babel.

Le récit de la construction de la tour de Babel, est contenu dans le chapitre XI de la Genèse. On connaît assez cet épisode. Il est inutile que nous le racontions ici. On n'a encore rien trouvé dans les textes cunéiformes touchant la tour de Babel. L'anglais Georges Smith croyait avoir découvert le récit cunéiforme de la tour de Babel ; malheureusement le texte est trop obscur pour qu'on puisse y attacher une sérieuse importance. Il est vrai que Bérose, dans ses fragments, XVII, XVIII, nous a conservé la légende chaldéenne relative à la tour de Babel : « On raconte, dit-il, que les premiers hommes, enflés de leur force et de leur grandeur, méprisèrent les dieux et se crurent supérieurs à eux : ils élevèrent donc une tour très haute, à l'endroit où est maintenant Babylone. Déjà elle approchait du Ciel, quand les vents, accourus au secours des dieux, renversèrent la construction sur les ouvriers : les ruines en sont appelées Babel. Jusqu'alors les hommes n'avaient eu qu'une seule langue : mais les dieux les forcèrent à parler désormais des idiomes différents ». — Si les textes sont muets, les monuments peuvent peut-être nous fournir quelques renseignements. On voit à Borsippa, qui est la seconde Babylone, les restes d'un énorme édifice, appelé aujourd'hui *Birs Nimrod*, la tour de Nimrod, ou Tell de Borsippa. Le Birs actuellement est dans un état de ruines, mais ces ruines sont réellement imposantes. On aperçoit d'abord un monticule, escarpé d'un côté et un peu incliné de l'autre, ce qui permet l'accès de la tour. Au sommet de ce monticule se dresse une espèce de pyramide ou de colonne qui a, paraît-il, 46 mètres de hauteur. Le tout est en briques. Les Chaldéens identifiaient la tour de Babel avec la tour de Borsippa qui, au témoignage du roi Naboukoudourossor, était inachevée de temps immémorial. D'après certaines représentations il est permis de supposer qu'elle avait la forme d'une *ziggurat* chaldéenne, ou plus exactement *zikurat*, comme on dit aujourd'hui, qui signifie *haut, élevé*. On appelait ainsi les temples chaldéens. La *zikurat* se composait le plus souvent de plusieurs terrasses en retraite l'une sur l'autre, ce qui lui fit donner par les Grecs, qui avaient visité Babylone, le nom de *tour à étages*. Sur la dernière terrasse se trouvait un naos contenant le dieu, auquel l'édifice était consacré. Très souvent la *zikurat* avait sept étages consacrés aux divinités des sept planètes, et qui étaient peints chacun selon la couleur de son dieu : le premier était peint en blanc, le second en noir, le troisième en pourpre, le quatrième en bleu, le cinquième en rouge vermillon, le sixième était argenté, le septième doré.

CHAPITRE IX

Abraham.

Sur le père des croyants l'assyriologie nous a donné trois indications très précises : sa patrie, sa victoire sur le roi Chodorlahomor, et son nom. — Sa patrie d'abord. La Genèse déclare, XI, 31, qu'Abraham quitta son pays, Ur des Chaldéens, pour se rendre dans le pays de Chanaan. *Ur* des Chaldéens signifie proprement la *ville* des Chaldéens. On a été bien longtemps sans pouvoir identifier cette ville, berceau du grand patriarche. Dans l'incertitude on avait émis plusieurs hypothèses. La tradition des Églises syriaques place Ur à Orfa; d'autres auteurs ont voulu la reconnaître dans Our de Mésopotamie, placée par Ammien Marcellin entre Nisibe et le Tigre. Dans notre siècle, l'anglais Henri Rawlinson a eu le mérite d'identifier cette ville : il découvrit dans les textes cunéiformes une ville du nom d'Ourou ; dès lors le doute n'était plus possible ; on tenait le lieu d'origine d'Abraham ; Ourou c'est le Mougheir actuel, nom qui signifie *bitumé* à cause du bitume qu'on emploie dans les constructions. — La victoire d'Abraham sur Chodorlahomor est racontée au chapitre XIV de la Genèse, ỷ 13-17. Cet épisode a été violemment attaqué par la critique rationaliste ; tous ses efforts tendaient à établir le caractère légendaire de ce récit afin d'effacer Abraham de l'histoire et d'en faire tout au plus un éponyme. Or de récentes découvertes ont donné raison à la Genèse contre les prétentions des rationalistes : le P. Scheil a découvert, il y a trois ou quatre ans, sur une plaquette, le nom du roi Chodorlahomor, en assyrien *Kudur-la-ukh-gamar*. Dans une correspondance entre Hammourabi, roi de Babylone au XXIIIe siècle avant Jésus-Christ, et Sinnidinnam, roi de Larsa, son vassal, il est fait mention d'un don de statues divines fait par le suzerain pour récompenser Sinnidinnam de « sa vaillance au jour de la défaite de *Kudur-la-ukh-gamar* ». — Enfin le nom d'Abraham lui-même a été retrouvé sous la forme *Abouramou* dans les contrats du vieil empire chaldéen (1).

(1) Observons cependant que l'assyriologue anglais King n'admet pas la lecture du P. Scheil. — En tout cas, tous reconnaissent que *Kudur-lagamar* est un nom élamite et que vers l'époque abrahamique il a existé un vaste empire élamite s'étendant jusqu'à la Méditerranée. Si Abraham n'était qu'un mythe, ces coïncidences seraient inexplicables.

CHAPITRE X

Le serpent d'airain.

On lit dans les Nombres, XXI, 8-9, que Dieu ordonna à Moïse de faire un serpent d'airain pour guérir ceux qui avaient été mordus par les serpents. Le deuxième Livre des Rois, XVIII, 4, nous apprend que le pieux roi Ézéchias supprima les hauts lieux et détruisit le serpent d'airain, que Moïse avait fait faire, parce que jusqu'à ce jour les enfants d'Israël lui offraient de l'encens; ce serpent s'appelait *Nehoushtan*. — L'assyriologie pourra nous aider à mieux comprendre le serpent d'airain. Remarquons d'abord que dans le *Livre des Nombres,* ce serpent porte un nom tout particulier : il s'appelle *saraph ;* de plus il devait être placé sur une perche, comme celles qui servent aux enseignes militaires ; c'est la traduction exacte de l'hébreu *al-ness*. On a trouvé en Chaldée des symboles de ce genre. Sur certains anciens cylindres babyloniens, on voit deux serpents enroulés autour d'une longue perche, dont l'extrémité est passée dans une boule ; à une certaine hauteur les deux serpents se séparent, se détachent de la perche et gonflent leur gorge comme l'urœus des tableaux égyptiens. La figure de ce symbole paraît répondre exactement au symbole biblique. En outre les inscriptions cunéiformes mentionnent deux *Gal-Edin*, dont l'un est appelé *birdou* et l'autre *sharrapou*. Ces expressions désignent, d'après le fameux assyriologue Jensen, les Gémeaux. On sait que les Gémeaux étaient deux manifestations du dieu Nergal. Ce *sharrapou* avait un caractère magique et talismanique, puisqu'il apparaît dans les formules d'incantation. Dès lors nous avons toutes les raisons de croire que ce symbole babylonien est l'équivalent du serpent d'airain ; toutes les coïncidences nous y convient ; il y a identité de nature : tous les deux sont des serpents ; il y a identité de nom : le serpent d'airain s'appelle *saraph,* le symbole babylonien *sharrapou* ; il y a identité de position : tous les deux sont placés sur une perche. N'y a-t-il qu'une simple coïncidence ou un emprunt réel ? Même dans ce dernier cas, il n'y aurait rien de nature à déprécier le culte d'Israël.

CHAPITRE XI

Les noms propres.

La plupart des noms propres assyriens contenus dans la Bible ont été retrouvés dans les textes cunéiformes. Nous nous contentons de citer les principaux.

1° *Noms de rois*. — *Theglathphalasar*. Ce nom en assyrien se lit de la manière suivante : TUKULTI-PAL-ISHAR-RA, IV Livre des Rois, XV, 29 ; XVI, 7. Il signifie très probablement : « Le secours, la confiance du fils de Sarra [peut-être du roi] » ou « le fils de Sarra est un secours ». — Ce roi prend aussi dans la Bible le nom de *Pul*, en assyrien PU-LU, qui signifie probablement « fils ». — *Salmanasar* ; en assyrien ce nom est SHULMANU-ASHARID, IV Livre des Rois, XVII, 3, et signifie : « Shalman est propice ». — *Sargon*, en assyrien : SHAR-KAN, Isaïe, XX, 1, qui signifie : « [Dieu] établit le roi ». — *Sennachérib*, en assyrien : SIN-AKI-IRBI, IV Livre des Rois, XVIII, 13 ; II Chroniques, XXXII ; Isaïe, XXXVII, 37 ; il signifie : « Sin [le dieu Lune] multiplie les frères ». — *Assarhaddon*, en assyrien : ASHUR-AK-IDDINNU, IV Livre des Rois, XIX, 37 ; Isaïe, XXXVII, 38 ; il signifie : « Assur [le dieu] donne un frère ». — *Asenaphar*, peut-être l'assyrien ASHUR-BANI-PAL, I Esdras, IV, 10, qui signifie : « Assur a formé un fils ». — *Bérodach-Baladan*, en assyrien : MARDUK-PAL-IDDIN, IV Livre des Rois, XX, 12 ; Isaïe, XXXIX, 1 ; il signifie : « Marduk [le dieu] donne un fils ». — *Baltasar*, en assyrien : BEL-SHAR-UTSUR, Daniel, V, 1, qui signifie : « Bel [le dieu] protège le roi ». — *Nabouchodonosor*, en assyrien :

NABU-KUDURRIUTSUUR, IV Livre des Rois, XXIV, 1; II Chroniques, XXXVI, 6; Ézéchiel, XXVI, 7; XXIX, 19; Daniel, I, 1, signifie : « Nébo [le dieu] protège les bornes, les limites [du pays] ». — *Evil-Méradach,* en assyrien : AMELU-MARDUK, IV Livre des Rois, XXV, 27; Jérémie, LII, 31, signifie : « l'homme de Marduk ». — *Neregel-Sereser,* en assyrien : NIRGAL-SHAR-UTUSUR, Jérémie, XXXIX, 3, signifie : « Nirgal [le dieu] protège le roi ». — On a retrouvé aussi dans les textes les noms de certains rois d'Israël, tels que Azariah, Phacée, Achaz, Ézéchias et Manassé.

2° *Noms de villes et de contrées.* — *Ur,* la patrie d'Abraham, *Ourouk* dans les textes cunéiformes, devient *Erech* dans la Bible, Genèse, X, 10; c'est aujourd'hui *Warka*; — *Achad,* Genèse, X, 10; — *Sippara;* c'est la *Sepharvaïm* de la Bible, IV Livre des Rois, XVII, 24, 31; dans la Bible le nom est au duel : il y avait en effet deux *Sippara : Sippara de Shamas,* et *Sippara d'Anounit.* Hormuzd-Rassam en a retrouvé les ruines dans les deux monticules d'Abou-Habba et Deir; — *Babylone, Babel,* en assyrien : *Bab-Ilou,* qui signifie: «la porte de Dieu»; — *Hadrach* Zacharie, IX, 1; — *Jérusalem* est mentionnée dans les inscriptions de Sennachérib relatives au siège de cette ville, sous le roi Ézéchias, et sur les tablettes d'El-Amarna; la forme assyrienne est : *Urushalim;* — les *Juifs, Ya-u-du,* sont mentionnés dans les textes de Sennachérib, Assarhaddon et Assurbanipal. Une fois, dans les inscriptions d'Assarhaddon, ils sont mentionnés avec leur roi Manassé. Ce roi, lisons-nous, fit venir en sa présence *Minasie shar ir Ioudi,* « Manassé, roi de la ville de Juda ».

CHAPITRE XII

L'histoire.

I. — EMPIRE D'ASSYRIE

1° *Salmanasar II* (860-825 av. J.-C.). — Les Livres historiques de la Bible ne font aucune mention des expéditions de Salmanasar II. Cependant le prophète Osée, v, 13 ; x, 6 ; xii, 1 ; xiv, 4, s'élève contre la dynastie de Jéhu qui avait commencé sous Salmanasar :

Ephraïm a vu sa langueur
Et Juda sa plaie ;
Ephraïm est allé vers Assur
Il a envoyé au roi ennemi.
Il ne vous guérira point,
Il ne pansera point votre plaie...
Ephraïm se repaît de vent,
Il poursuit un souffle...
Il a fait alliance avec Assur...
Assur ne nous sauvera pas...
[Le peuple] sera transporté à Assur
En tribut au roi ennemi.

Comme on le voit le prophète s'élève donc contre ces rois d'Israël qui, pour se défendre contre les Syriens, invoquèrent le secours des rois assyriens et se déclarèrent leurs tributaires. Cette politique fut suivie principalement par Jéhu. Les Annales de Salmanasar nous ont fourni des éclaircissements sur ces événements. Elles nous apprennent que le monarque assyrien fit la guerre à Hazaël, roi de Damas (1), et reçut le tribut de Jéhu. Voici comment l'*Inscription des taureaux* raconte cette campagne :

1. Dans ma dix-huitième année, pour la seizième fois, l'Euphrate
2. je traversai. Hazaël de Syrie
3. sur la force de ses soldats
4. se confia, et ses soldats
5. en foule il rassembla.
6. De Saniru, un pic des montagnes
7. qui sont vis-à-vis du Liban, sa forteresse
8. il fit. Contre lui je combattis,
9. sa défaite j'accomplis, 16,000
10. hommes de son armée, avec les armes
11. je détruisis ; 1,121 de ses chariots,
12. 470 de ses cavaliers avec ses bagages
13. je lui pris. Pour sauver
14. sa vie, il s'enfuit. Je le poursuivis.
15. Dans Damas, sa ville royale, je l'assiégeai,
16. ses plantations, je coupai. Vers les montagnes
17. du Hauran j'allai, des villes
18. sans nombre je renversai, je détruisis,
19. j'y mis le feu, leurs prisonniers
20. sans nombre j'emmenai ;
21. Vers les montagnes de Bahlirahsi,
22. qui touchent à la mer, j'allai. Une image de ma majesté
23. au milieu je fis. En ces jours
24. le tribut de Tyr
25. et de Sidon, de Jéhu *(Yahua)*
26. fils d'Amri, je reçus (2).

La scène du tribut payé par les rois vaincus a été représentée sur l'*Obélisque noir*. D'un côté Salmanasar debout, accompagné de deux personnages de sa cour, dont l'un tient derrière lui le parasol d'honneur ; de l'autre côté on voit défiler les messagers. Le chef de l'ambassade se prosterne devant le

(1) IV Livre des Rois, VIII, 7-15.

(2) Vigouroux, *La Bible et les découvertes modernes*, 5e édit., t. IV, p. 71.

monarque et baise la terre, tandis que les autres membres défilent tour à tour les vases en main, les coffres de métaux sur l'épaule ou sur la tête (1). La légende placée au-dessus du tableau fait mention de Jéhu :

[*Ma*]-*da-tu sha Ya-u-a aplu Hu-um-ri-ı*.

Tribut qui [de] Jéhu fils d'Amri.

N'est-ce pas là la réalisation des paroles du prophète : « Ils sont montés vers Assur,... Ephraïm a fait des présents à ses amis (2) » ?

2° *Theglathphalasar II* (745-727 av. J.-C.). — Les renseignements que nous trouvons dans la Bible sur ce roi sont les suivants : « Aux jours de Phacée, roi d'Israël, Theglathphalasar, roi d'Assyrie, vint et prit Aion et Abel, Beth-Maacha, et Janoë, et Cadès, et Azor, et Galaad, et la Galilée, et toute la terre de Nephthali, et il les [les habitants] transporta parmi les Assyriens (3) ». On sait aujourd'hui que ce roi est le même que Phul ; or un peu plus haut, le texte sacré dit : « Phul, roi d'Assyrie, vint dans le pays, et Manahem donna à Phul mille talents d'argent pour qu'il lui prêtât secours et affermît son règne. Et Manahem leva cet argent dans Israël, sur tous les puissants et les riches, cinquante sicles d'argent par personne, pour les donner au roi des Assyriens. Et le roi des Assyriens retourna et ne demeura pas dans le pays (4) ». Enfin nous apprenons que ce roi eut

(1) On peut voir cette représentation dans Maspero, *Histoire ancienne des peuples de l'Orient classique*, t. III, p. 86, 87.

(2) Osée, VIII, 9.

(3) IV Livre des Rois, XV, 29.

(4) IV Livre des Rois, XV, 19-20.

des rapports avec Achaz, roi de Juda (1). — Les inscriptions ont pleinement confirmé ces indications bibliques. Theglathphalasar préleva un tribut sur Manahem, roi de Samarie. Dans un long fragment de ses Annales nous lisons entre autre choses :

... au peuple d'Assyrie je les [les captifs] joignis et l'exécution du service comme aux Assyriens
je leur imposai. Le tribut de Kustapi de Kumuka, de Rasin de Syrie, de *Manahem de Samarie*,
d'Hiram de Tyr, de Sibiltibaal de Gebal, d'Urikki de Kui, de Pisiris de Carchamis, d'Eniel
de Hamath, de Pannamu, de Samhala, de Tarhulara de Gaugama, de Sulumal de Milid, de Dadil, etc.

Il préleva aussi un tribut sur Phacée et Osée, rois de Juda. Nous lisons, en effet, dans un fragment mutilé de la *Liste des Eponymes* :

... les grands... Je reçus le tribut. La terre de Bit Hu-um-ri [= Israël], la lointaine... ses habitants les plus distingués.
avec leur fortune je transportai en Assyrie. *Phacée*, leur roi, je fis mourir. J'établis *A-u-si-é* (Osée)
sur eux. Je reçus d'eux, comme tribut, dix talents
d'or, mille talents d'argent avec leurs...
je les portai en Assyrie, qui Samsieh, reine d'Arabie...

Enfin Theglathphalasar reçut le tribut d'Achaz, comme le raconte la Bible. Une inscription contient la liste des vassaux, qui allèrent offrir leurs tributs à Theglathphalasar, après la chute de Damas ; au nombre de ces vassaux figure Achaz :

57. [Tribut] de Kustapi de Kumuka, Urik de Rui,
Sibitlibaal de Gebal, Pisiris de Carchamis,
58. Eniel de Kamath, Pannamu de Samballa, Tarhulara de Gaugama, Sulumal de Milid, Dadil de Kaska,

(1) IV Livre des Rois, XVI, 7-10.

59. Vassurmi de Tubal, Ushit de Tuna, Urballa de Tuhana, Tuhammi d'Istunda, Urimmi de Husina,
60. Mattanbaal d'Arvad, Salipu de Bit-Ammon, Salamanu de Moab,
61. Mitinti d'Ascalon, *Ya-ku-ha-zi* (1) *Ya-hu-da-ai* [=Achaz de Juda], Kemoshmelek d'Edom, Muz...
62. Hannon de Gaza, or, argent, plomb, fer, antimoine, étoffes de leurs pays, lapis-lazuli (?),
63. ... produits de la terre et de la mer, pris des pays choisis pour mon royaume, chevaux et ânes habitués au joug...

3° *Sargon* (722-705 av. J.-C.). — Ce roi est mentionné dans Isaïe, xx, 1 : « L'année où Thartan, envoyé par Sargon, roi des Assyriens, vint à Azot, l'assiégea et la prit (2)... » D'après ce passage on voit que Sargon s'empara de la ville d'Azot. Or, cet événement a été retrouvé dans les textes cunéiformes. Voici ce que nous lisons dans les Annales de Sargon :

1. En ma neuvième année, au pays qui est au bord
2. de la grande mer [= la Méditerranée], en Philistie et
3. à *Ashdod* [= Azot], j'allai.
4. Azuri, roi d'Ashdod, pour ne pas apporter le tribut
5. avait endurci son cœur, et aux rois autour de lui
6. ennemis de l'Assyrie, il envoya [des messagers] et fit du mal
7. Sur le peuple qui était autour de lui, je brisai sa domination
8. et j'emportai...
9. Depuis ce temps...
10. Ahimite, fils de...
11. son frère, à sa place, sur son royaume

(1) *Ya*, abbréviation de *Jahveh*, est ici prosthétique d'un nom propre, quoique plus souvent il se mette à la fin.

(2) Thartan n'est pas un nom propre, mais un nom commun qui signifie *général, chef militaire ;* en assyrien ce mot se lit *tourtarou*.

12. j'élevai et je l'établis [roi]
13. Des taxes et des tributs [payables] à l'Assyrie,
14. comme aux rois ses voisins,
15. je lui imposai. Mais ses sujets
16. mauvais, pour ne pas apporter les taxes et les tributs
17. endurcirent leur cœur et...
18. ils se révoltèrent contre leur roi,
19. et pour le bien qu'il avait fait
20. ils le chassèrent et...
21. Yavan, qui n'était pas héritier du trône,
22. dans le royaume au-dessus d'eux ils placèrent. Sur le trône
23. de leur maître, ils le firent asseoir
24. et ils préparèrent leurs villes
25. pour faire la guerre...
26. le domaine...
27. contre la prise ils se fortifièrent
28. *san*... ils firent face...
29. et autour de lui ils creusèrent un fossé,
30. de vingt coudées de profondeur ils le firent
31. et ils amenèrent les eaux des sources devant la ville.
32. Les peuples de la Philistie, de Juda, d'Edom
33. et de Moab, habitant à côté de la mer, apportant des tributs
34. et des présents à Assur, mon Seigneur,
35. parlèrent de trahison. Le peuple et ses méchants chefs,
36. pour me combattre, au Pharaon,
37. roi d'Egypte, prince qui ne pouvait pas les sauver,
38. apportèrent des présents et ils recherchèrent
39. son alliance. Moi, Sargon, le noble prince,
40. révérant le serment d'Assur et de Mérodach, gardant
41. l'honneur d'Assur, les fleuves du Tigre et de l'Euphrate,
42. au moment de la plus haute crue, aux soldats de ma garde
43. entièrement je fis passer. Et lui, Yavan,
44. leur roi, qui sur sa propre force
45. se confiait et ne se soumettait pas à notre pouvoir,
46. de la marche de mon expédition au pays des Hatti entendit parler, et

47. la majesté d'Assur, mon Seigneur, l'accable et
48. aux frontières de l'Égypte, aux rives du fleuve,
49. à la limite de Meroé..... sous les eaux
50. ...il prit part
51. ...un peu éloigné
52. .. il s'enfuit
53. et son lieu de refuge ne fut pas vu. Les villes d'Azot
54. de Gimzo des Azotéens
55. j'assiégeai et je pris. Ses dieux, sa femme, ses fils et ses filles,
56. ses meubles, ses biens et les trésors de son palais avec le peuple du pays,
57. comme un butin je comptai, et ces villes une seconde fois
58. je bâtis. Le peuple qui avait été conquis par nos mains
59. du milieu des contrées du soleil levant, au milieu d'eux je les plaçai, et [eux] je les plaçai au milieu du peuple d'Assyrie et ils firent ma volonté (1).

4° *Sennachérib* (705-681 av. J.-C.). — Les Livres saints nous parlent d'une expédition de ce roi contre Ézéchias roi de Juda : « La quatorzième année du roi Ézéchias, lisons-nous, Sennachérib, roi des Assyriens, monta vers toutes les villes fortifiées de Juda, et les prit. Alors Ézéchias, roi de Juda, envoya des messagers au roi des Assyriens, à Lachis, et lui dit : J'ai péché, retire-toi de moi, et je supporterai tout ce que tu m'imposeras. Le roi des Assyriens fit donc payer à Ézéchias, roi de Juda, trois cents talents d'argent et trente talents d'or. Et Ézéchias donna tout l'argent qui fut trouvé dans la maison du Seigneur, et dans les trésors du roi. En ce temps-là, Ézéchias brisa les portes du temple du Seigneur, et les lames d'or qu'il avait fixées lui-même, et les donna

(1) Vigouroux, *La Bible et les découvertes modernes*, t. IV, p. 176, 177, 178.

au roi des Assyriens (1). » — Les textes cunéiformes nous ont conservé le récit de cette campagne et du siège de Jérusalem. A diverses reprises Sennachérib est revenu sur cette expédition. Voici le récit que nous en fait le *Cylindre de Taylor* :

COLONNE II, à partir de la ligne 34.

34. Dans ma troisième campagne, je marchai contre la terre de Hatti.
35. Luli, roi de Sidon, la terreur de ma majesté
36. l'épouvanta, en un lieu éloigné
37. au milieu de la mer il s'enfuit ; son pays à ma domination je soumis.
38. La grande Sidon, la petite Sidon,
39. Bitzitti, Sariptav, Makalliba,
40. Hosah, Aksib, Acco,
41. ses villes fortes, ses places murées, ses magasins
42. de vivres, les lieux où étaient ses troupes, la terreur des armes
43. d'Assur, mon Seigneur, les avait abattus. Ils se soumirent
44. à moi. Tubal sur le trône royal
45. je plaçai au-dessus d'eux et un tribut comme redevance envers ma majesté,
46. annuel, perpétuel, je leur imposai.
47. Manahem de Samsimuruna,
48. Tubal de Sidon,
49. Abdilit d'Arvad,
50. Urumelek de Gubal,
51. Mitinti d'Azdod
52. Puduil de Bit-Ammon
53. Kamosnadab de Moab
54. Malikram d'Édom,
55. tous les rois d'Aharri, tous [les rois] des bords [de la Méditerranée],
56. tous leurs riches présents et des choses précieuses,

(1) IV Livre des Rois, XVIII, 13-16. Lire pour plus de détails la suite de ce chapitre. Voir aussi II Livre des Chroniques, XXXII ; l'Ecclésiastique, XLVIII, 19-20 ; Isaïe, XXXVI.

57. en ma présence ils apportèrent et ils me baisèrent les pieds.
58. Et Zidka, roi d'Ascalon,
59. ne s'était pas courbé sous mon joug; les dieux de la maison de son père, lui-même,
60. sa femme, ses fils, ses filles, ses frères, la famille de la maison de son père,
61. j'enlevai et je les envoyai en Assyrie.
62. Sarludari, fis de Rukibti, leur ancien roi,
63. sur le peuple d'Ascalon, j'établis et un tribut,
64. comme signe de dépendance à l'égard de ma majesté, je lui imposai et il me rendit obéissance.
65. En poursuivant ma campagne, je marchai contre Beth-Dagon,
66. Joppé, Benêbarak, Hazor,
67. les villes de Zidka, qui m'avaient refusé obéissance,
68. je les pris et en emmenai les habitants prisonniers.
69. Les chefs supérieurs, les grands et le peuple d'Amgarunna,
70. qui Padi, leur roi, tenant la foi et l'hommage
71. de l'Assyrie, avaient enchaîné dans les fers, et à *Ha-za-qi-ya-hu*,
72. *Ya-hu-da-ai* [= Ézéchias de Juda], l'avaient livré, lequel l'avait enfermé [en prison],
73. leur cœur fut saisi d'épouvante...

Colonne III, à partir de la ligne 7.

7. ....Padi,
8. leur roi, du milieu de *Ur-sa-li-im-mu* [= Jérusalem]
9. je fis sortir et sur son trône
10. je le fis asseoir et un tribut comme [signe de ma] souveraineté
11. je lui imposai. Et *Ézéchias*
12. de Juda, qui ne s'était pas soumis à moi,
13. quarante-six de ses places fortes, des bourgades et petites localités
14. de son royaume, sans nombre
15. avec des *pat-bu-us*... [= engins de guerre inconnus]

16. l'attaque... avec des machines de siège je livrai l'assaut
17. et je les pris. 200 150 hommes et femmes, grands et petits,
18. des chevaux, des mulets, des ânes, des chameaux, des bœufs
19. et des brebis sans nombre j'emportai
20. et comme butin je comptai. Lui-même, comme un oiseau dans sa cage, dans *Jérusalem*,
21. sa capitale, fut enfermée, etc. . . . .

. . . .

. . . .

. . . .

29. ..... Et lui, *Ézéchias*
30. une puissante crainte de ma souveraineté le saisit,
31. les Urbi [= Arabes ?] et ses soldats, et les gens
32. que pour la défense de *Jérusalem*, sa capitale,
33. il avait pris. Il me paya un tribut,
34. trente talents d'or, huit cents talents d'argent, des métaux, des rubis, des... [énumération de différents objets envoyés comme présents].
40. ..... Pour le paiement du tribut
41. et pour faire sa soumission, il m'envoya ses ambassadeurs (1).

5° *Assarhaddon* (681-668 av. J.-C.). — Nous savons par la Bible que ce roi succéda à Sennachérib, tué par ses fils Adramelech et Sarasar dans le temple de Nesroch (2), qu'il avait transporté les ennemis de Juda en Samarie (3). Ce sont encore les textes cunéiformes qui nous ont apporté la lumière

(1) Les mêmes faits sont mentionnés aussi plus brièvement sur *l'inscription de Constantinople*, et avec quelques variantes sur l'*inscription des taureaux*. (Voir Vigouroux, ouvrage cité, t. IV, p. 206 et suiv.) — Le souvenir de l'extermination de l'armée de Sennachérib par l'ange de Iahveh, s'était conservé, sous une forme altérée, dans un conte populaire de l'ancienne Égypte. A la prière du grand prêtre Séthon, le dieu Phtah de Memphis avait envoyé, pendant la nuit, dans le camp des Assyriens, une légion de rats des champs, qui avaient rongé les cordes de leurs arcs.

(2) IV Livre des Rois, XIX, 37 ; Isaïe, XXXVII, 38.

(3) I Livre d'Esdras, IV, 2.

sur ce sujet. Le *Cylindre d'Assarhaddon,* qui est malheureusement brisé, nous apprend que ce monarque reçut le tribut et l'hommage de 22 rois au nombre desquels figure Manassé de Juda :

12. J'appelai les rois de Katti et de [la partie de] mon empire au delà de la mer ;
13. Baal, roi de Tyr ; *Mi-na-si-i shar ir Ya-hu-di,* [= Manassé, roi de la ville de Juda] ;
14. Kadumuh, roi d'Édom, Mussuri, roi de Mo [ab] ;
15. Zillibil, roi de Gaza ; Mitinti, roi d'Ascalon ;
16. Ituzu, roi d'Amgarunna, Milkiasaph, roi de Gubal ;
17. Matanbaal, roi d'Arvad ; Abibal, roi de Samsimuruna :
18. Buduil, roi de Bit-Ammon , Ahimelek, roi d'Azot ;
19. Ce sont là douze rois des côtes de la mer. Ikistu, roi d'Idalie ;
20. Pitaguru,roi de Citium ; Kinyras,roi de Salamine ;
21. Ituander, roi de Paphos ; Irisu, roi de Sole ;
22. Damasu, roi de Kurii ; Rummisu, roi de Tamissus ;
23. Damusi, roi d'Amathonte ;
24. Unasagus,roi de Lidini ; Buhli,roi d'Aphrodisium ;
25. Ce sont là dix rois de la terre de Yatnan, au milieu de la mer ;
26. En tout vingt-deux rois de la terre de Katti sur les côtes de la mer et au milieu de la mer ;
27. je les mandai tous.

6° *Assurbanipal* (668-626 av. J.-C.) — Ce monarque fit surtout deux grandes expéditions auxquelles se trouva mêlé Manassé, roi de Juda, dont nous venons de parler. La première fut dirigée contre Ourd-Amon, roi d'Egypte. Au cours de cette campagne, Assurbanipal prit et saccagea Thèbes, *Nô-Amon* du texte hébreu,et *Nth* des textes cunéiformes, s'empara de beaucoup de trésors, et força les 22 rois déjà tributaires de son père Assarhaddon à « baiser ses pieds », c'est-à-dire à se reconnaître ses vassaux ; parmi eux est mentionné en seconde ligne *Minsie, shar mat Iaudi,* « Manassé, roi de Juda ». — Le prophète Nahum fait allusion à cette campagne (1) Le *Cylindre* A, colonne I, à partir de la ligne 69, résume en peu de mots ces événements :

69. Vers l'Égypte et l'Éthiopie je dirigeai ma marche.
70. Dans le cours de mon expédition, 22 rois
71. des bords de la [mer et du milieu de la mer], tous
72. tributaires, dépendants de moi,
73. en ma présence [vinrent et baisèrent mes pieds].

Un autre *Cylindre*, C, nous fait connaître le nom de ces 22 rois :

1. Dans le cours de mon expédition,
2. Baal, roi de Tyr,
3. *Manassé, roi de Juda,*
4. Kausgabri, roi d'Édom,
5. Mussuri, roi de Moab,
6. Zilbel, roi de Gaza,
7. Mitinti, roi d'Ascalon,
8. Ikasamsu, roi d'Accaron,
9. Milkiasab, roi de Gebal,
10. Jakinlu, roi d'Arvad,
11. Abibaal, roi de Samsimuruna,
12. Aminadab, roi de Bet-Ammon,
13. Akimelek, roi d'Asdod,
14. Ikistura, roi d'Idalium,
15. Pilagura, roi de Kitros,
16. Kisû, roi de Salamine,
17. Ituander, roi de Paphos,
18. Irisu, roi de Sole,
19. Damasu, roi de Curium,
20. Rummisu, roi de Tamissus,
21. Damusi, roi d'Amathonte,
22. Unasagus, roi de Lidini,
23. Puzuz, roi d'Aphrodisium,
24. en tout, 22 rois.

L'autre campagne d'Assurbanipal eut lieu à peu près vers l'an 647. Le monarque assyrien avait

(1) III, 7-10.

confié la vice-royauté de Babylone à son frère *Sammughès,* en assyrien *Shamash-shum-ukin*. Celui-ci voulut se rendre indépendant ; il suscita contre son frère un soulèvement général, auquel prirent part *mat Aram* [= la Syrie], *mat Akari* [= la Judée], *mat tihamti* [= la Phénicie]. Assurbanipal marcha contre ces révoltés, les défit et les transporta captifs à Babylone. La Bible fait allusion à cet événement (1). Manassé n'est pas désigné par son nom dans les inscriptions cunéiformes, pas plus que les autres chefs ; mais on ne peut pas douter qu'il n'ait été parmi les captifs, car les paroles d'Assurbanipal : « je les [ces peuples] soumis, leur imposai le joug du dieu Assur, avec des gouverneurs et des préfets établis par mes mains », confirment très bien le passage du II Livre des Chroniques.

II. — EMPIRE DE BABYLONE

Les textes babyloniens ne nous ont pas fourni une aussi abondante moisson de renseignements relatifs aux récits bibliques que les textes assyriens. Ils n'ont pas non plus la même précision. A l'heure actuelle nous possédons trois documents babyloniens de la plus haute importance : 1° Les *Canons éponymes*, découverts par Henry Rawlinson en 1862 ; 2° L'*Histoire synchronique* d'Assyrie et de Babylone, publiée par le même savant, laquelle relate les péripéties des deux empires depuis 1500 jusqu'à 820 avant Jésus-Christ ; 3° Une *Chronique babylonienne*, publiée en 1887, dans laquelle sont racontés les événements

(1) II Livre des Chroniques, XXXIII, 11-13.

arrivés en Babylonie et en Assyrie depuis 750 jusqu'à 650 avant Jésus-Christ, Les documents babyloniens nous ont apporté une indication historique absolument précise ; ils nous disent que Mérodach-Baladan fut « roi de Babylone. » Le texte biblique se trouve ainsi confirmé : « En ce temps-là Bérodach-Baladan, fils de Baladan, roi des Babyloniens, envoya des lettres et des présents à Ézéchias, car il avait appris qu'Ézéchias était malade (1) ».

III. — Rois syriens

1° *Benadad II.* — Plusieurs rois ont porté ce nom dont les variantes sont *Benadad* ou *Benader, Adadezer* ou *Adarezer.* Seul Benadad II rentre dans notre cadre. Ce roi fut contemporain d'Achab, d'Ochozias et de Joram, rois d'Israel (917-885 avant J.-C.). Il fut vaincu deux fois par Achab : une fois sous les murs de Samarie, avec 32 dynastes syriens, ses vassaux ; une autre fois à Aphec où il fut fait prisonnier. Sous Joram il assiégea de nouveau Samarie, mais il ne réussit pas à s'en emparer à cause d'une terreur nocturne qui dissipa son armée. Il mourut quelque temps après à Damas, étouffé par un de ses officiers, Hazaël qui lui succéda (2). Son nom a été retrouvé dans l'inscription de Salmanasar II, dite *Inscription du Monolithe de Kourki*, sous la forme de *Raman-idri* ou *Dad-idri.*

(1) IV Livre des Rois, xx, 12. Il y a une faute dans le texte. Le vrai nom n'est pas *Bérodach*-Baladan, mais *Mérodach*-Baladan, comme on le lit dans Isaïe, xxxix, 1, et les inscriptions cunéiformes.

(2) III Livre des Rois, xx, 1-34 ; IV Livre des Rois, vi, 24 ; vii, 6-7 ; viii, 7-15.

Les mêmes inscriptions mentionnent aussi une fois, comme allié de *Dad-idri* contre les Assyriens, à la bataille de Qarqar (854), *Ahabbu Siralai.* « Ahabbus [du pays de] Siral », qu'on identifie avec Achab d'Israël. Cette bataille de Qarqar fut longue et sanglante. Adadidri avait sous ses ordres : 1.200 chars, 1.200 cavaliers, 20.000 piétons de Damas, 700 chars, 700 cavaliers, 10.000 piétons d'Hamath, 2.000 chars et 10.000 piétons d'Akhab, 500 Qouéens, 1.000 montagnards du Taurus, 10 chars et 10.000 piétons d'Irkanata, 200 Aradiens, 200 Ousanatéens, 30 chars et 10.000 piétons de Shianou, 1.000 chameaux de Gindibou l'Arabe, et 1.000 Ammonites. Il paraît que la bataille demeura indécise. Toutefois Salmanasar s'attribua la victoire. Le nombre des morts ennemis varie suivant les inscriptions : 20.500 dans l'*Obélisque*, lignes 65-66 ; 25.000 dans le *Taureau* n° 1, ligne 18, et 14.000 dans le *Monolithe*, lignes 97-98.

2° *Hazaël.* — Hazaël fut mêlé à la campagne de Salmanasar II de l'an 842. Le roi de Syrie, fortement retranché sur le Sanir avec ses troupes, attendit de pied ferme le monarque assyrien. Ce fut la bataille la plus sanglante que les Assyriens eussent livrée jusqu'alors. Hazaël fut défait et vaincu ; il perdit 16.000 fantassins, 470 cavaliers, 1.121 chars. Le souvenir de cette victoire s'est conservé sur l'*Obélisque de Nimroud :*

97. Dans ma dix-huitième année, je traversai l'Euphrate pour la seizième fois. Hazaël
98. de Syrie vint pour me combattre, 1.121 de ses chariots, 470 de ses cavaliers avec
99. ses bagages, je lui pris.

La Bible ne nous parle pas, il est vrai, des démêlés de Salmanasar avec Hazaël. Cependant elle nous met sur le chemin de certaines inductions assez légitimes. Elle nous apprend en effet qu'Hazaël fut l'ennemi irréconciliable d'Israël, et lui causa une foule de maux et de calamités : « En ce temps-là, Hazaël battit partout les Israélites, depuis le Jourdain jusqu'aux parties les plus orientales ; le pays de Galaad, de Gad, de Ruben, de Manassé, depuis Aroër, sur l'Arnon, jusqu'à Galaad et Basan (1) ». De ces paroles nous pouvons conclure avec un savant contemporain : « Pendant que le roi d'Assyrie était loin, Hazaël se vengeait ainsi des défaites qu'il avait essuyées et punissait Jéhu de s'être reconnu vassal du grand roi (2) ».

(1) IV Livre des Rois, x, 32-33.

(2) Vigouroux, *La Bible et les découvertes modernes*, 5e édit., t. IV, p. 74.

CHAPITRE XIII

La Géographie.

Certaines villes assyriennes ou babyloniennes sont mentionnées dans la Bible, dont on a retrouvé les noms sur les monuments. Il nous suffira d'énumérer les principales :

I. — Assyrie

Assur, qui donna son nom au pays tout entier. La Bible parle très souvent d'Assur et de l'Assyrie. Cette ville était située entre les deux Zab : elle est aujourd'hui Kaléh-Shergat ; — Halah, IV Livre des Rois, xvii, 6 : aujourd'hui Nimroud ; — Ninive, Genèse, x, 11 ; Jonas i, 1 ; ii, 2, 4 ; Nahum, i, 1 ; ii, 3 ; ses ruines situées en face de Mossoul actuelle, forment les tells de Koyoundjick et de Nebi-Younas ; — Haran, l'ancienne Charrœ, Genèse, xi, 31 ; xii, 4 ; xxvii, 43 ; xxviii, 10.

II. — Babylonie.

Babel ou Babylone, Genèse, x, 10 ; xi, 9 ; IV Livre des Rois, xvii, 30 ; et *passim* ; — Arach, Genèse, x, 10 ; aujourd'hui Warka ; — Ur, Genèse, xi, 31 ; xv, 7, patrie d'Abraham ; — Sippara, Sepharvaim de la Bible, IV Livre des Rois, xvii, 24 ; xviii, 34 ; xix, 13 ; — Cutha, IV Livre des Rois, xvii, 24.

CHAPITRE XIV

Le Dogme et la morale.

Sous ce titre nous groupons certaines idées et certaines pratiques communes aux Hébreux et aux Chaldéens. Il n'est pas possible de s'étendre longuement sur ce sujet, d'autant plus que les documents ne nous y autorisent pas. Nous ne pouvons qu'effleurer cette matière.

I. — L'horreur du péché

On sait combien la Bible s'efforce d'inspirer la haine et l'horreur du péché. Rien n'y est plus fréquent que les menaces contre ceux qui se permettent de transgresser les ordres et les volontés de Iahveh et de se détourner de la voie sainte pour suivre les penchants du mal. Le péché il faut s'appliquer à l'éviter avec la même répugnance que l'on évite un monstre. Tous ces passages, tous ces conseils, ces exhortations et toutes ces comparaisons sont, croyons-nous, présents à la mémoire de nos lecteurs. — Les Chaldéens éprouvaient eux aussi une grande horreur pour le péché, pour le mal. La conscience de l'avoir commis leur inspirait une grande terreur et les portait par suite à en demander pardon aux dieux : « Seigneur, s'écriaient-ils alors, mes péchés sont nombreux, grands mes méfaits ! — O mon Dieu, mes péchés sont nombreux, grands mes méfaits ! O ma déesse, mes péchés sont nombreux, grands mes méfaits. —

J'ai fait des fautes et je ne les connais pas ; j'ai commis le péché et je ne le connais pas ; — je me suis nourri de méfaits, et je ne les connais pas ; j'ai marché dans le manquement et je ne le connais pas ! — Le Seigneur, dans la colère de son cœur m'a frappé, le dieu, dans le ressentiment de son cœur, m'a abandonné, Ishtar s'est enragée contre moi et m'a traité rudement ! — Je m'efforce et personne ne me tend la main, je pleure et personne ne vient à moi, je crie haut et personne ne m'écoute, je succombe au chagrin, je suis accablé, je ne puis plus lever la tête ; vers mon dieu miséricordieux je me tourne pour l'appeler, et je gémis ! — ... Seigneur, ne rejette pas ton serviteur, et s'il est précipité dans les eaux impétueuses, tends-lui la main ; les péchés que j'ai faits, aies-en miséricorde, les méfaits que j'ai commis, emporte-les aux vents, et mes fautes nombreuses, déchire-les comme un vêtement (1) ». Il y a là un véritable psaume pénitentiel.

II. — L'IMMORTALITÉ DE L'AME

On a des preuves incontestables de la croyance des Chaldéens à l'immortalité de l'âme (2). Ce qui reste du mort, après la séparation de l'âme et du

(1) Rawlinson, *Cun. Ins. W. As.*, t. IV, pl. 10, col. I, lig. 36-61 ; col. II, lig. 1-6, 35-44. Tout ce morceau a été traduit en anglais par Sayce, dans les *Records of the Past*, 1e Ser., t. VII, p. 151 et suiv., en français par Fr. Lenormant, *Études Accadiennes*, t. III, p. 148-152, en allemand par Delitzsch-Mürdter, *Geschichte Babyloniens und Assyriens*, 2e édit., p. 38 39, par Hommel, *Die Semitischen Völker*, p. 317, et enfin par Zimmern, *Die Babylonischen Busspsalmen*, p. 61 et suiv.

(2) On peut consulter sur ce point Halévy, *La croyance à l'immortalité de l'âme chez les Chaldéens*, dans ses *Mélanges de Critique et d'Histoire*, p. 368 ; A. Jeremias. *Die Babylonisch-Assyrische Darstellung vom Leben nach dem Tode*, p. 51-57.

corps, c'est l'*ékimmou*, qui correspond au *ka*, ou *double* égyptien, comme l'a établi Amiaud (1). Après avoir passé quelque temps dans le tombeau, d'où elle pouvait sortir librement pour s'intéresser aux choses de ce monde, l'âme finissait par se transporter dans une contrée ténébreuse, l'*Aralou*, située sous le sol pour les uns, aux extrémités de l'univers pour les autres. Là elle paraissait devant *Beltis-Allat* « la dame du grand pays » pour subir le jugement et recevoir la récompense ou la punition en rapport avec ses actions. — Mais une preuve irréfragable de la croyance des Chaldéens à l'immortalité de l'âme c'est la *Descente d'Ishtar aux enfers* (2). Nous donnons ici la traduction de ce long récit :

Vers le pays d'où l'on ne revient pas, la terre ténébreuse,
Ishtar, fille de Sin, porte son attention ;
La fille de Sin porte son attention
Vers la demeure d'où l'on ne sort pas quand on y est entré (3) ;
Vers le chemin dont l'aller n'a pas de retour ;
Vers la demeure dont les habitants sont privés de lumière,
L'endroit où l'on a la poussière pour nourriture et la boue pour aliment,
Où l'on ne voit pas la lumière, ou l'on habite l'obscurité,
Où l'on revêt, comme les oiseaux, un habit d'ailes,
Où la poussière s'entasse sur la porte et les verroux.
Ishtar, en arrivant à la porte du pays sans retour,

(1) *Matériaux pour le Dictionnaire Assyrien*, dans le *Journal Asiatique*, 7e série, 1881, t. XVII, p. 237.

(2) Le texte de la *Descente d'Ishtar aux Enfers* a été découvert par Fox Talbot. Depuis, il a été l'objet de nombreux travaux.

(3) Ces paroles font penser involontairement à l'Inscription que Dante aperçut sur la porte de l'enfer : *Lasciate ogni speranza, o voi che entrate*, « Laissez tout espoir, ô vous qui entrez ».

Adressa la parole aux gardiens de la porte :
« Gardien des eaux, ouvre ta porte,
Ouvre ta porte, pour que j'entre !
Si tu n'ouvres pas la porte et que je n'entre pas,
J'enfoncerai la porte, je briserai le verrou
Je fendrai le seuil et je forcerai l'entrée ;
Je ferai sortir les morts, qu'ils mangent les vivants ;
Et plus que les vivants les morts seront nombreux ».
Le gardien ouvrit la bouche et parla,
Il dit à la grande Ishtar :
« Attends, princesse, et ne renverse pas la porte,
Je vais annoncer ton nom à la reine Allat. »
Le portier descendit pour parler à [Allat] ;
« Déesse, ta sœur Ishtar.....
[Veut forcer ?] la première (?) les grandes clôtures ».
Allat, en entendant cela, [dit] ;
« Comme une herbe coupée,
Comme la fleur du roseau.....
Que me veut-elle, que désire-t-elle ? »
— Déesse, je.....
— Comme un fleuve débordant, comme les flots d'un torrent.....
Je veux pleurer sur les braves qui ont quitté leurs épouses,
Je veux pleurer sur les femmes éloignées du sein de leurs maris,
Je veux pleurer sur les enfants enlevés avant leur temps ».

Allat reprend :

« Va, gardien, ouvre-lui la porte,
Et dépouille-la selon les lois anciennes ».
Le gardien alla lui ouvrir la porte :
« Entre princesse, que Kouta se réjouisse !
Que le palais de la terre sans retour soit heureux de te voir ! »
Il lui fit passer une porte et il enleva et prit la grande couronne de sa tête :
« Pourquoi, portier, enlèves-tu la grande couronne de ma tête ? »
— Entre princesse, telle est la loi d'Allat. »
Il lui fit passer une seconde porte et il enleva et prit ses pendants d'oreilles :
« Pourquoi, portier, enlèves-tu mes pendants d'oreilles ? »

— Entre, princesse, telle est la loi d'Allat ».
Il lui fit passer une troisième porte et il enleva et prit le collier de son cou :
« Pourquoi, portier, enlèves-tu le collier de mon cou ? »
— Entre, princesse, telle est la loi d'Allat ».
Il lui fit passer une quatrième porte et il enleva et prit la parure de sa poitrine :
« Pourquoi, portier, enlèves-tu la parure de ma poitrine ? »
— Entre, princesse, telle est la loi d'Allat ».
Il lui fit passer une cinquième porte et il enleva et prit sa ceinture de pierreries :
« Pourquoi, portier, enlèves-tu ma ceinture de pierreries ? »
— Entre, princesse, telle est la loi d'Allat ».
Il lui fit passer une sixième porte, et il enleva et prit les bracelets de ses mains et de ses pieds :
« Pourquoi, portier, enlèves-tu les bracelets de mes mains et de mes pieds ? »
— Entre, princesse, telle est la loi d'Allat ».
Il lui fit passer une septième porte et il enleva et prit son vêtement :
« Pourquoi, portier, enlèves-tu mon vêtement ? »
— Entre, princesse, telle est la loi d'Allat. »
Quand Ishtar eut pénétré dans le pays sans retour,
Allat la regarda et la reçut avec hauteur :
Ishtar, sans réfléchir, se jeta sur elle.
Allat ouvrit la bouche et parla ;
Elle donna ses ordres à Namtar, son ministre .
« Va, Namtar...
Eloigne-la ;
Du mal des yeux, frappe-lui les yeux,
Du mal de côté, frappe-lui le côté,
Du mal des pieds, frappe-lui les pieds,
Du mal de cœur, frappe-lui le cœur,
Du mal de tête, frappe-lui la tête
....son corps tout entier »

Ce qui suit ne nous intéresse guère pour la question présente. Ishtar, dont l'absence avait jeté la terre dans la désolation, quitte l'enfer en suivant la même route:

Il lui fit passer une porte et lui rendit le vêtement de sa nudité ;
Il lui fit passer une seconde porte et lui rendit ses bracelets ;
Il lui fit passer une troisième porte et lui rendit sa ceinture de pierreries ;
Il lui fit passer une quatrième porte et lui rendit son collier ;
Il lui fit passer une sixième porte et lui rendit ses pendants d'oreilles ;
Il lui fit passer une septième porte et lui rendit la grande couronne de sa tête.
« Si elle ne t'a pas donné ce qu'on lui a payé, retourne auprès d'elle ;
Sur Tammuz, l'époux de [ta] jeunesse verse les eaux pures ;
[Répands sur lui] une huile parfumée ;
Revêts-le d'une robe somptueuse. Que l'on brise la flûte de cristal ;
Que les prêtresses se lamentent...
Que Belili brise le vase...
Les diamants éclatants (?)... »
Belili entend que l'on pleure son frère, elle brise le vase (?)...
Les diamants... ;
« Mon unique frère, ne me fais pas mourir !
Autrefois Tammuz jouait (?) pour moi de la flûte en cristal (?) de... ; en son temps, il jouait pour moi.
En son temps, il jouait pour moi. Que les pleureurs et les pleureuses jouent des instruments funèbres (?) et qu'ils respirent l'encens ! »

III. — L'ÉVOCATION DES MORTS

Les Chaldéens connurent et pratiquèrent l'évocation des morts. Les nécromants, chez eux, constituaient une sorte de caste. Seulement leur pouvoir semblait être limité. Ils ne pouvaient arracher sa proie à l'Hadès que pendant quelques instants. Au bruit de leurs conjurations le sol se crevassait, l'âme en jaillissait comme un coup de vent et répondait avec mélancolie aux questions qu'on lui posait : le charme rompu, il lui fallait retourner au pays sans retour et se replonger dans les ténèbres. — Un fait de ce genre nous ramènera à la Bible. Tout le monde connaît le fait de l'évocation de Samuel par la pythonisse d'Endor, I Livre des Rois, XXVIII, 7-25. Le poème de Gilgamès nous présente une scène de cette nature. Gilgamès veut revoir Éabani descendre dans l'Hadès. La chose n'était pas facile. Il fallait obtenir cette faveur des dieux. Gilgamès ne se décourage pas. Il se traîne de temple en temple, s'adresse à Bel, à Sin, et finit par se jeter aux pieds du dieu des morts, Nirgal : « Crève le caveau funéraire, ouvre le sol, que l'esprit d'Éabani sorte du sol comme un coup de vent ». — Dès que Nirgal l'entendit, il creva le caveau funéraire, il ouvrit le sol, il fit sortir du sol l'esprit d'Éabani comme un coup de vent. » Gilgamès l'interroge et lui demande avec anxiété quelle est la fortune des morts : « Dis, mon ami, dis, mon ami, ouvre la terre, et ce que tu vois, dis-le. — Je ne puis te le dire, mon ami, je ne puis te le dire ; si j'ouvrais la terre devant toi, si je te disais ce que j'ai vu, l'effroi te terrasserait, tu t'affaisserais, tu pleurerais. — L'effroi me terrassera, je pleurerai, je m'affaisserai, mais dis-le-moi ». L'esprit d'Éabani se rend à ses désirs et lui dépeint les tristesses du séjour des morts et les misères qu'y endurent les ombres. On voit que les mânes oubliés des leurs étaient exposés à d'horribles souffrances. Ce fait est une preuve de plus de la croyance des Chaldéens à l'immortalité de l'âme. Ils avaient aussi, ce qu'il faut noter, l'idée des souffrances horribles qui sont le partage de certaines âmes dans l'autre vie, des âmes délaissées par leurs parents et amis sur cette terre. — Inutile de faire remarquer que ces superstitions communes à l'Assyro-Babylonie et au pays de Chanaan étaient sévèrement réprouvées par la Bible.

CONCLUSION

Nous ne pouvons pas aller plus loin dans nos recherches. L'état actuel de l'Assyriologie ne nous le permet pas. C'est un édifice qui se construit péniblement, une science qui avance lentement, mais dont chaque pas, pouvons-nous dire, est une précieuse conquête sur le passé. Chaque découverte en effet jette une grande lumière sur les problèmes historiques et bibliques qui plus que jamais passionnent l'opinion publique et attirent l'attention des hommes de science. Déjà nous avons le droit de tirer une conclusion, ou, plutôt, de constater tout simplement un résultat. Depuis que l'Assyriologie est née — et c'est une science de date récente — la récolte a été assez abondante. La Bible en a tiré un admirable parti. Le rationalisme, qui se plaisait naguère à parler de légendes, de mythes et de contes avec une certaine désinvolture, devient plus prudent et réservé devant le témoignage des textes. On commence à s'apercevoir, même dans les milieux hostiles à nos croyances, que les rédacteurs de la Bible avaient pleinement conscience de ce qu'ils écrivaient, et qu'ils n'ont fait, dans bon nombre de cas, que raconter ce qu'ils connaissaient par des documents écrits, ou par la tradition orale. Le passé de l'Assyriologie a été donc favorable à notre cause. — S'il nous était permis d'augurer quelque chose de l'avenir, nous affirmerions sans aucune hésitation que les découvertes futures dans le champ de l'Assyriologie ne feront que confirmer de plus en plus les récits bibliques. On verra graduellement que tout, dans le recueil sacré, a sa raison d'être, et que plus la science progresse, plus aussi l'autorité des saints Livres apparaît triomphante et victorieuse. — La Bible porte l'empreinte évidente du doigt de Dieu, du souffle divin. Cela, nous catholiques, nous le savions déjà par l'enseignement de l'Église. Les ennemis de nos croyances se flattaient peut-être d'ébranler à la fois l'enseignement de l'Église et l'autorité des saints Livres à l'aide des découvertes assyriologiques. On a donc institué une minutieuse enquête, et l'on a soumis les dires de la Bible à ce nouveau contrôle. Le résultat a complètement déçu certaines espérances. Sans doute on n'a pas trouvé toute la Bible dans l'Assyriologie parce que de fait elle n'y est pas toute, mais la partie qu'on y a trouvée s'est éclairée d'une nouvelle lumière. L'apologiste catholique a désormais à sa disposition une arme nouvelle ; il n'a qu'à s'en servir sans passion, avec prudence et loyauté, et elle rendra d'inappréciables services à la cause qu'il défend, qui est celle de la vérité et de la religion.

BIBLIOGRAPHIE

ANCESSI : *Le vêtement du grand prêtre et des lévites.*

DELITZSCH-MURDTER : *Geschichte Babyloniens und Assyriens.*

HALÉVY : *Mélanges de critique et d'histoire.*

HOMMEL : *Die semitischen Volkër.*

LANZONE : *Dictionnaire de Mythologie.*

FR. LENORMANT : *Etudes accadiennes.*

LEMM (OSCAR DE) : *Das Rituelbuch des Ammonsdienstes.*

LEPSIUS : *Denkmäler.*

A. JEREMIAS : *Die Babylonisch-Assyrische Darstellung vom Leben nach Tode.*

MARIETTE : *Monuments divers.*

MASPERO : *Histoire ancienne des peuples de l'Orient classique.*

OPPERT : *Les inscriptions assyriennes des Sargonides*, ID. : *Grande inscription du palais de Khorsabad* ; ID. : *Mémoire sur les rapports de l'Égypte et de l'Assyrie.*

PIERRET : *Recueil d'inscriptions.*

PINCHES : *Chronique babylonienne.*

RENAN : *Histoire du peuple d'Israël.*

E. SCHIAPARELLI : *Il libro dei Funerali degli antichi Egiziani.*

SCHRADER-ZIMMERN : *Die Keilinschriften und das alte Testament.*

TIELE : *Babylonisch-Assyrische Geschichte.*

VIGOUROUX : *La Bible et les découvertes modernes.*

WIEDMANN : *Egyptische Geschichte.*

WINCKLER : *Babylonische Chronik* ; ID. : *Geschichte Babyloniens und Assyriens.*

TABLE DES MATIÈRES

1477-09. — Imp. des Orph.-App., F. Blétit, 10, rue La Fontaine, Paris Auteuil.

www.ingramcontent.com/pod-product-compliance
Ingram Content Group UK Ltd.
Pitfield, Milton Keynes, MK11 3LW, UK
UKHW020345250726
13967UKWH00005B/2127

9 782012 721951